DAS IST DAS

REITBUCH

VON

Emily

MEIN REITBUCH

Margret Hampe
Elke Stickeler

Bassermann

Inhalt

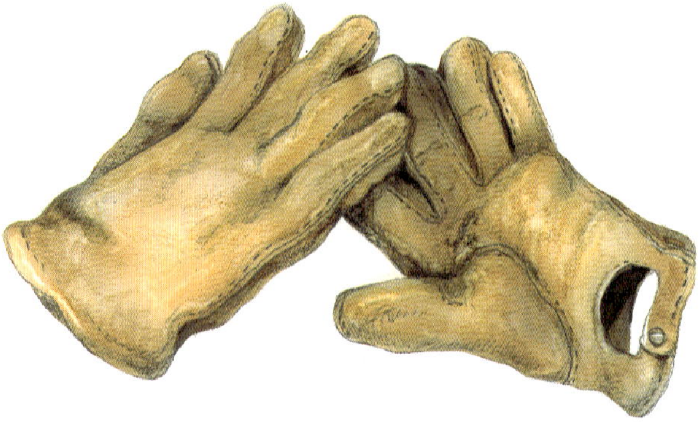

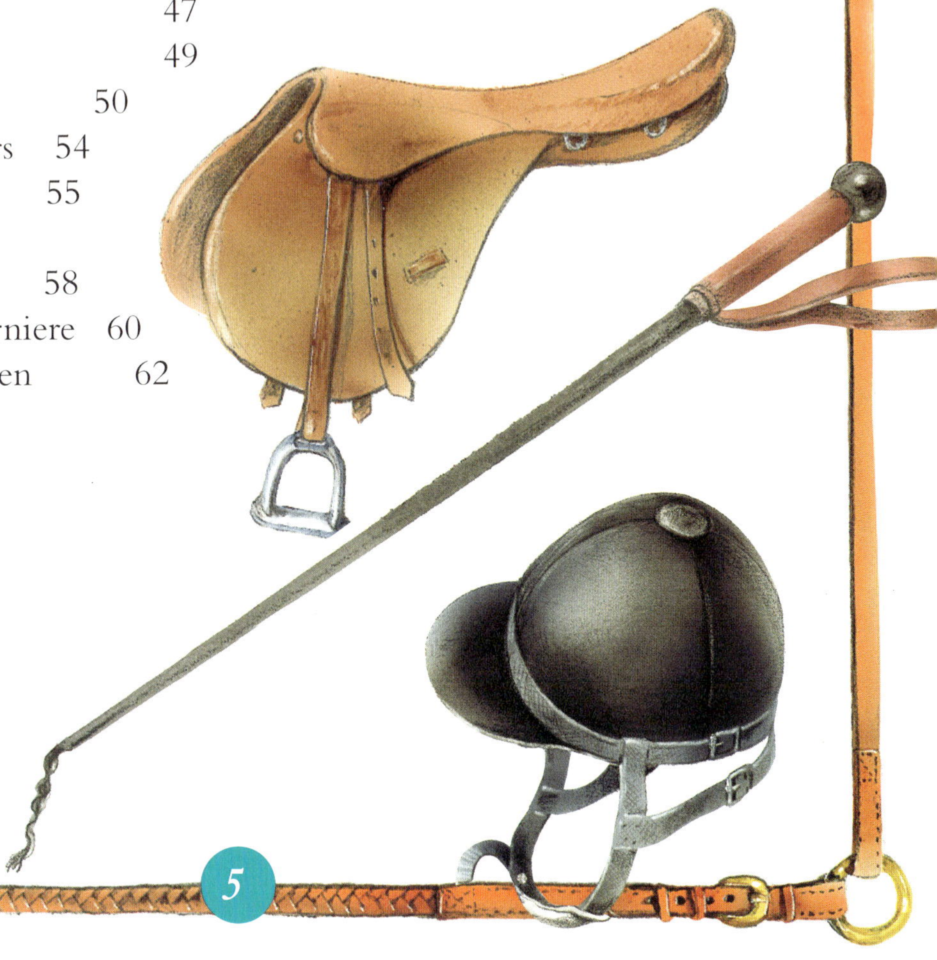

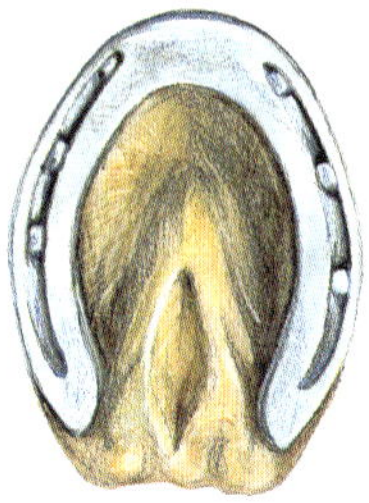

Mein Traum vom Reiten

Wo oder wie möchtest du am liebsten reiten?
Schließe die Augen und stelle es dir vor.

– in der Reithalle
– auf der Weide
– durch den Wald
– am Wasser entlang
– bei einem Turnier
– über Hindernisse springen
– allein mit meinem Pferd
– in der Gruppe ausreiten

Wenn du reiten lernen willst, so hast du es mit einem ganz besonderen Sport zu tun. Du verbringst deine Zeit mit einem Lebewesen, das eigene Bedürfnisse, Wünsche, Gefühle und Stimmungen hat, genau wie wir Menschen.

Zum Reiten lernen gehört auch, das Verhalten und die Bedürfnisse des Pferdes zu verstehen.

Du brauchst viel Zeit, um das Wesen der Pferde zu begreifen, um sie richtig zu versorgen und zu pflegen und viel mit ihnen zusammen zu sein. Außerdem musst du regelmäßig zur Reitstunde. Einen Tennisschläger kannst du in die Ecke stellen, wenn du mit dem Training fertig bist, ein Pferd braucht immer genügend Auslauf, muss gefüttert und getränkt werden, auch wenn du mal keine Lust dazu hast.

Man muss es schon ganz klar sagen: Reiten lernen ist mit diszipliniertem Üben und viel Mühe und Schweiß verbunden.

Aber wenn du dich wirklich auf den einfühlsamen Umgang mit Pferden und den Reitsport einlässt, dann wird dein Traum vom Reiten wahr; und du bekommst einen schönen Lohn: einen echten, treuen Freund.

Wie lernt dein Pferd dich kennen?

Die Sinne des Pferdes warnen es vor vermeintlichen Gefahren, denen das Pferd durch Flucht entgehen möchte. Pferde haben sehr empfindliche Ohren, die sie um 180° hin- und herdrehen können. Spitze hohe Töne können ein Pferd erschrecken, wogegen eine dunkle und ruhige Stimme beruhigend wirkt.

Sprich deshalb vor dem Betreten des Stalls das Pferd mit ruhiger Stimme an, damit es nicht erschrickt. Vielleicht kannst du es bei seinem Namen nennen. So spürt es, dass sich jemand mit ihm beschäftigen möchte.

Die Augen des Pferdes liegen seitlich am Kopf und ermöglichen dem Pferd fast eine Rundumsicht. Wenn du dich dem Pferd von der Seite näherst, kann es dich gut sehen und wird sich nicht so leicht erschrecken.

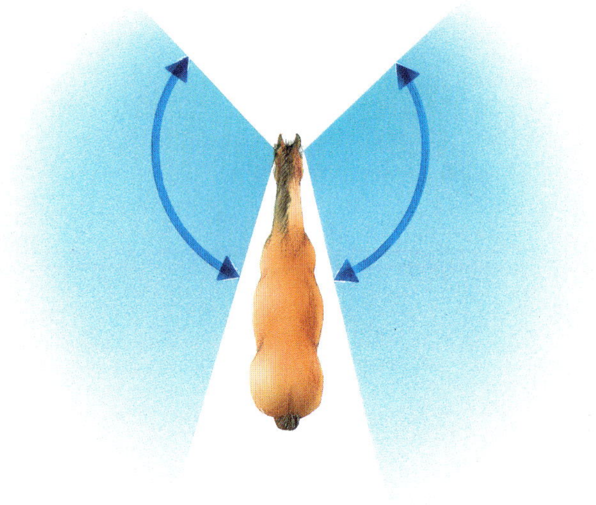

Blickwinkel des Pferdes mit gesenktem Kopf

Auch der Geruchssinn spielt bei Pferden eine große Rolle. Deshalb untersucht es seine Umgebung und Menschen mit der Nase. Lasse das ruhig zu. Später wird es dich dann an deinem Geruch wiedererkennen.

Das Pferd riecht etwas Interessantes; es zieht die Oberlippe hoch und atmet ein. Das wird Flehmen genannt.

Aufhalftern

Ganz wichtig für das gegenseitige Kennenlernen ist das Putzen. Pferde mögen es sehr gern. Es ist für sie wie eine Massage und fast so schön wie das gegenseitige Kraulen unter Artgenossen in der freien Natur.

Zum Putzen halfterst du dein Pferd auf. Ein gut geschultes Pferd steht ganz ruhig, wenn du ihm den Halfter vorsichtig überstreifst und anschließend die Schnallen schließt.

Deine erste Reitausrüstung

Als Reitanfänger brauchst du eine kleine Grundausrüstung.

1. Reithelm
Ein splittersicherer Helm ist unbedingt notwendig, damit dir bei einem Sturz keine Kopfverletzung droht. Reite nie ohne!

2. Reitstiefel
Auch die hohen Reitstiefel dienen dem Schutz vor Verletzungen, hier: deiner Knöchel und der Schienbeine. Am Anfang kannst du ruhig die preiswerteren Gummireitstiefel nehmen.

3. Reithose
Eine spezielle Reithose sitzt faltenfrei und ohne drückende Nähte. Sie schützt dich vor dem Wundwerden und du sitzt besser im Sattel.

4. Gerte

Eine Gerte brauchst du zum Treiben. Probiere aus, welche Länge für dich die richtige ist. Eine mittellange (80 bis 100 cm) ist für den Anfang am besten geeignet.

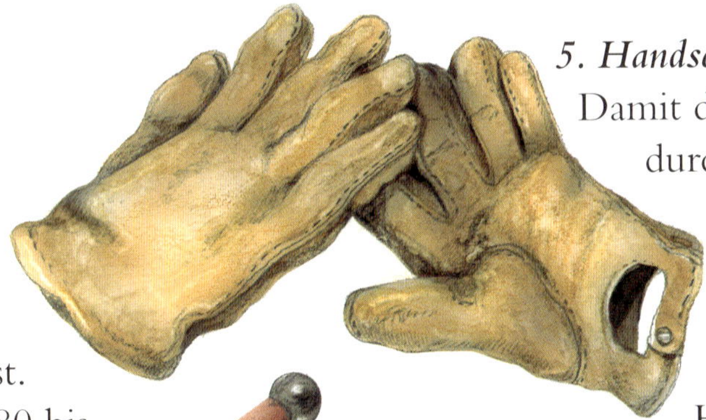

5. Handschuhe

Damit dir die Zügel nicht durch die Finger rutschen, musst du sie richtig festhalten können. Ohne Handschuhe bekommt man davon leicht Blasen.

Alte Lederhandschuhe tun es erst mal auch. Später kannst du dir richtige Reithandschuhe kaufen, die besondere Verstärkungen haben.

Vielleicht bekommst du über die Reitschule oder Reitgeschäfte gebrauchte Kleidung. Sieh auch in den Kleinanzeigen deiner Tageszeitung nach.

Wichtig!
Jeder Reiter braucht unbedingt eine gültige Tetanusimpfung! Frage deine Eltern, ob dein Impfschutz ausreicht.

Die Grundausstattung für ein Reitpferd

Zur Grundausstattung eines Pferdes gehören auf jeden Fall ein Halfter, ein Strick und eine Decke. Mit dem Halfter und dem Strick kannst du dein Pferd anbinden und führen. Die Stalldecke wärmt das Pferd im Winter.

Halfter mit Strick

Englisches und Hannoversches Reithalfter

Beim Reiten trägt das Pferd eine Trense, die auch Zaumzeug genannt wird. Rechts oben siehst du die beiden Trensenarten, die in den Reitställen hauptsächlich verwendet werden.

In den meisten Fällen wirst du auf einem sogenannten Vielseitigkeitssattel sitzen. Dieser Sattel kann für Dressur, Springen und Geländereiten verwendet werden.

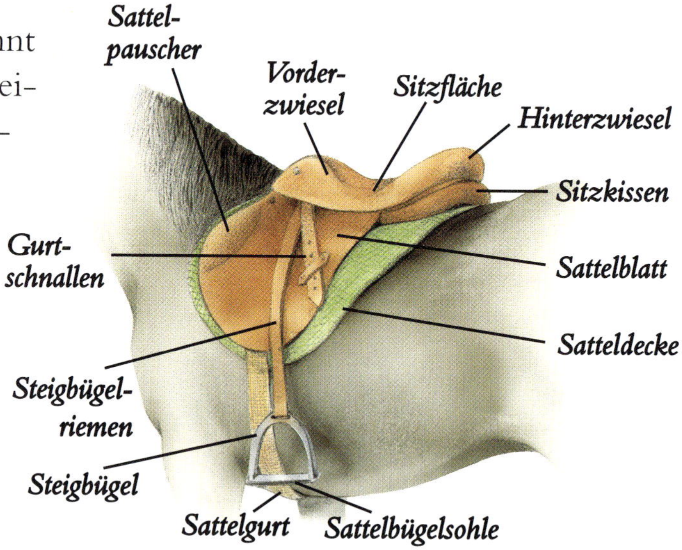

Vom Schopf bis zu den Hufen – kleine Pferdekunde

Die Körperteile des Pferdes haben besondere Bezeichnungen. Hier sind die wichtigsten eingetragen.
Ein weibliches Pferd heißt *Stute,* ein männliches Pferd *Hengst.* Ein kastrierter Hengst wird *Wallach* genannt.

Ponys und Pferde unterscheiden sich in ihrer Größe voneinander. Vom höchsten Punkt des Pferderückens wird gerade herunter bis zum Boden gemessen. Die Größe des Pferdes nennt man *Stockmaß.* Ponys haben ein Stockmaß bis 148 cm, über 148 cm nennt man sie Pferde.

Führen und Anbinden

Ein Pferd zu führen bedeutet viel mehr, als es von einem Ort zum anderen zu bringen. Hier entsteht die Grundlage für euer Verhältnis. Es darf kein Zweifel aufkommen, wer wen führt. Dein Pferd muss beim Führen spüren, dass du der Chef bist.

Achtung: Nie den Strick fest um deine Hand wickeln, sonst könnte dich das Pferd, wenn es erschrickt und durchgeht, verletzen!

Auch das Führen musst du üben

Hake den Strick in den Halfter ein (natürlich von der linken Seite), nimm dann den Strick mit der rechten Hand ungefähr eine Handbreit unter dem Pferdekopf. Lege das lange Ende in Schlaufen und halte es mit der rechten Hand.

Erlaube dem Pferd nicht, dass es voraus geht. Ziehe es aber auch nicht hinter dir her, bleibe etwa in Kopfhöhe auf seiner linken Seite. Ein gut erzogenes Pferd folgt gut und gerne.

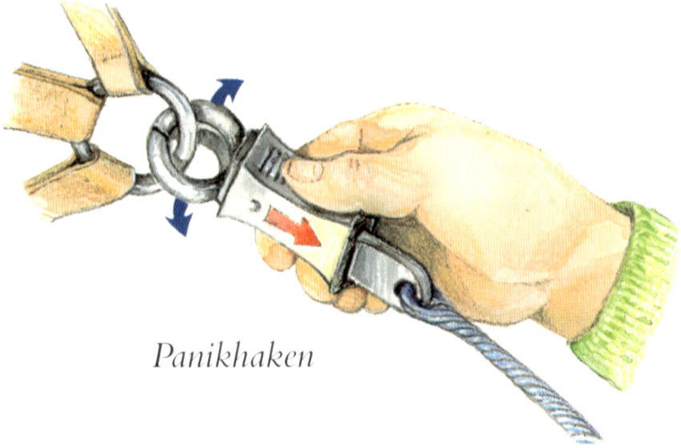

Panikhaken

Anbindeknoten an Stange

Anbindeknoten an Ring

zu kurz angebunden

zu lang angebunden

Nie mit den Zügeln anbinden
Pferde werden immer mit einem Strick oder Halfter angebunden. Als beste Möglichkeit hat sich der Strick mit dem Panikhaken bewährt. Dieser Haken öffnet sich ganz leicht, wenn man ihn nach unten schiebt.

Mit einem besonderen Knoten, der für dich ganz leicht, aber vom Pferd nicht zu öffnen ist, wird das Pferd angebunden. Lasse dir zeigen, wie ein guter Anbindeknoten geht.

Im Reitstall gibt es meist Ringe und Stangen, an denen die Pferde zwischen Kopf- und Brusthöhe angebunden werden können. Der Strick darf nicht zu lang nach unten hängen, damit sich das Pferd nicht darin verfängt und Panik bekommt. Zu kurz darf er auch nicht sein, weil das Tier eine gewisse Bewegungsfreiheit braucht.

Die Pferdepflege – Putzen macht Spaß

Dein Putzkasten

Zuerst wird der grobe Schmutz mit einem Gummistriegel entfernt.

Dann nimmst du die Kardätsche in die eine Hand und den Metallstriegel in die andere.

Beginne am Kopf und putze dann in langen, ruhigen Strichen mit der Kardätsche in Richtung des Haarstrichs nach hinten. Nach jedem Bürstenstrich streifst du die Kardätsche am Striegel ab. Hat sich eine gewisse Menge Staub im Striegel angesammelt, klopfst du diesen auf dem Boden ab.

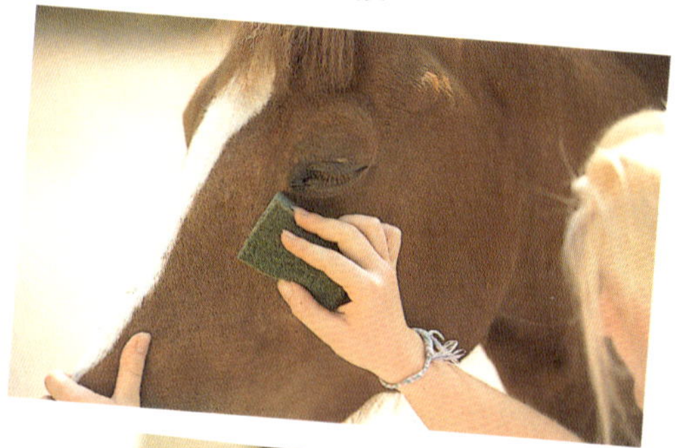

Ein Eimer mit zwei Schwämmen
Mit dem einen weichen Schwamm werden Augen und Nüstern ausgewischt. Mit dem anderen Schwamm säuberst du dein Pferd unter dem Schweif.

Mähne und Schweif
Die Mähne wird ausgebürstet, der Schweif dagegen nur mit der Hand verlesen, das heißt, die Haare werden mit den Fingern vorsichtig vereinzelt und dabei werden Verschmutzungen entfernt.
Schweifhaare sind nämlich schnell herausgerissen und brauchen ein Jahr, bis sie nachgewachsen sind.

Hufpflege
Zum Hufeauskratzen stellst du dich neben ein Bein des Pferdes mit Blick zum Schweif. Wenn du jetzt mit der Hand am Bein entlangstreichst und „Fuß" sagst, wird das Pferd seinen Huf heben.

Der Huf ist sehr empfindlich. Fahre mit dem Hufkratzer deshalb nur am inneren Rand des Hufeisens entlang. Dann kannst du dem Pferd nicht weh tun. Säubere nun die Strahlfurchen von hinten nach vorn.

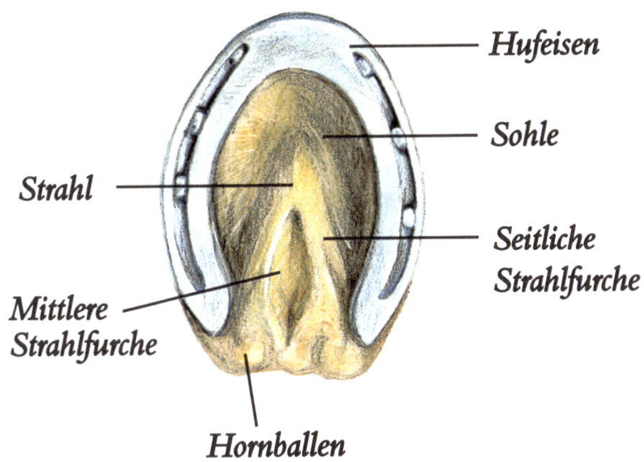

So sattelst du dein Pferd

Du stellst dich auf die linke Seite des Pferdes, hebst den Sattel vorsichtig und ruhig hoch und legst ihn auf den Pferderücken unmittelbar hinter den Widerrist.

Achte darauf, dass du den Sattel immer in Richtung des Fellhaarstrichs auflegst.

Lege zuerst den Sattel ein wenig weiter vorn auf, und bringe ihn dann leicht nach hinten schiebend in die richtige Position.

Achtung:
Den Gurt nicht gegen die Pferdebeine schlagen lassen!

Nun lässt du von der rechten Seite den Sattelgurt herunterfallen.
Von der linken Seite ziehst du den Sattelgurt unter dem Pferdebauch durch und schnallst ihn mit den äußeren Gurtstrippen lose an.
Erst vor dem Aufsitzen ziehst du ihn richtig fest.
Die mittlere Strippe bleibt als Reserve, für den Fall, dass eine der beiden äußeren Strippen einmal reißen sollte.

Wichtige Regel:
Solange du nicht auf dem Pferd sitzt, ziehe stets die Steigbügel hoch. Denn wenn du später mal einen Ausritt allein machst und dein Pferd mit herunterhängenden Steigbügeln in den Stall zurückkehrt, weiß sofort jeder, dass dir etwas zugestoßen ist. Sind die Steigbügel aber oben, weiß man, dass dein Pferd bei einer Rast nicht gut angebunden war und ohne dich weggelaufen ist.

So trenst du dein Pferd auf

1. Lege deinem Pferd die Zügel über den Kopf. Achte darauf, dass sie nicht verdreht sind. Stelle dich links neben das Pferd in gleicher Blickrichtung wie das Pferd.

2. Du hältst Kopfstück und Nasenriemen in der rechten Hand und greifst damit unter dem Pferdekopf hindurch über den Nasenriemen des Pferdes.

3. Deine linke Hand hält das Gebiss und schiebt es behutsam in das Pferdemaul.

4. Jetzt brauchst du nur noch das Kopfstück über die Ohren zu ziehen und die Riemen festzuschnallen.

Auf- und Absteigen

Wie kommst du überhaupt auf das Pferd hinauf?

Zuerst wird der Sattel nachgegurtet, das bedeutet: er wird stramm angezogen. Dann stelle die Steigbügel auf die richtige Länge für dich ein.

Dein Reitlehrer zeigt dir, wie man es macht. Später musst du das allein können.

Nun aber rauf aufs Pferd: Du stellst dich links neben dein Pferd, mit Blick zum Schweif. Beide Zügel, den rechten etwas kürzer gefasst als den linken, nimmst du in die linke Hand und greifst mit dieser in den Vorderzwiesel des Sattels. Das ist die vordere Erhebung des Sattels.

Mit der rechten Hand drehst du den herabhängenden Steigbügel so weit nach rechts, dass du deinen linken Fuß bis hinter den Fußballen hineinschieben kannst.

Achtung: Pass auf, dass du das Pferd nicht mit deinen Fußspitzen in den Bauch trittst.

Aufsitzen

Jetzt greift deine rechte Hand über den Sattel zum rechten Sattelblatt. Das ist der Teil des Sattels, der rechts am Pferd herunterhängt.

Nun abstoßen, mit den Armen hochziehen und das rechte Bein über das Pferd schwingen.

Jetzt lasse dich leicht und sanft in den Sattel nieder.

Du brauchst nur noch den rechten Fuß in den rechten Steigbügel zu schieben und jetzt sitzt du im Sattel!

Sicher absitzen

Nimm die Zügel in die linke Hand und beide Füße aus den Steigbügeln, dann neige den Oberkörper nach vorn und halte dich mit der rechten Hand am Vorderzwiesel des Sattels fest. Wenn du nun mit viel Schwung dein rechtes Bein nach hinten über den Pferderücken schwingst, landest du mit beiden Beinen auf der linken Seite des Pferdes.

Absitzen

Der richtige Sitz

Es ist gar nicht so einfach, ruhig und gerade auf dem Pferd sitzen zu bleiben, wenn es sich bewegt.
Am Anfang rutschtst du sicher noch ein wenig hin und her.

Versuche so unverkrampft wie möglich im Sattel zu sitzen.
Dabei musst du an vieles gleichzeitig denken:

– Oberkörper zurück
– Kopf hoch mit Blick zwischen den Pferdeohren hindurch
– Schultern zurück
– Ellenbogen an die Hüften
– Knie fest an den Sattel drücken
– Unterschenkel am Pferd anliegend
– Fußspitzen nach vorn
– Fersen nach unten drücken
– Sitz im tiefsten Punkt des Sattels
– die Beine so lang wie möglich nach unten

Was macht der Reiter hier beim Sitzen falsch? Kreise die Stellen ein, die nicht in der richtigen Position sind.

Die Lösung steht auf Seite 63.

Nur wer richtig auf dem Pferd sitzt, kann sein Pferd sicher lenken und das Tempo beherrschen.

1

2

3

4

5

Das sind deine „Hilfen“

Ein gut zugerittenes Pony oder Pferd hat gelernt auf bestimmte Signale seines Reiters zu reagieren.

Die Sprache, mit der sich Pferd und Reiter verständigen, nennt man die „Hilfen“. Der richtige Einsatz und das richtige Zusammenspiel der Hilfen erfordert viel Übung. Es gibt drei verschiedene Arten von Hilfen:

Gewichtshilfen
Indem du dein Gewicht auf dem Pferderücken verlagerst, wirkst du auf dein Pferd ein.

Schenkelhilfen
Durch unterschiedlich starken Druck deiner beiden Unterschenkel auf den Pferdekörper gibst du ebenfalls dem Pferd Signale. Die Knie bleiben dabei immer ganz ruhig an der gleichen Sattelstelle liegen. Es ist ganz wichtig sich nicht mit den Beinen am Pferd festzuklammern. Die Schenkelhilfen gibst du nur mit den Unterschenkeln.

Zügelhilfen
Die Zügel sind nicht zum Festhalten da!
Über die Zügel hältst du eine direkte Verbindung zum Pferdemaul. Das Maul ist sehr empfindlich, deshalb achte immer darauf die Hände ganz ruhig zu halten. Wenn dir das anfangs noch schwer fällt, dann greife lieber in den Vorderzwiesel des Sattels, damit du dem Pferd auf keinen Fall im Maul reißt.

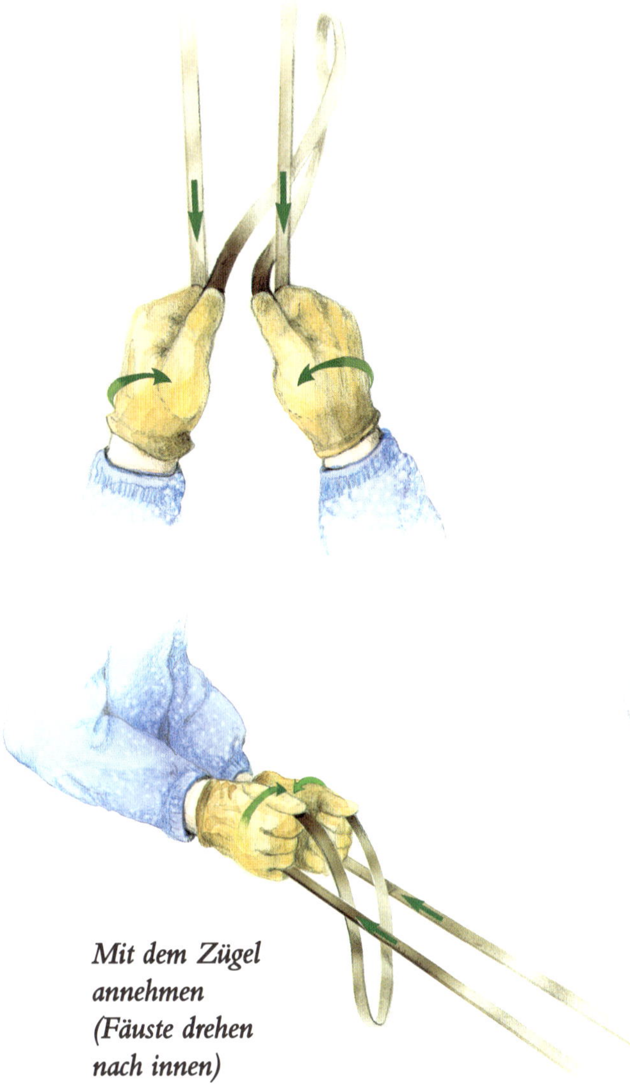

Mit dem Zügel annehmen (Fäuste drehen nach innen)

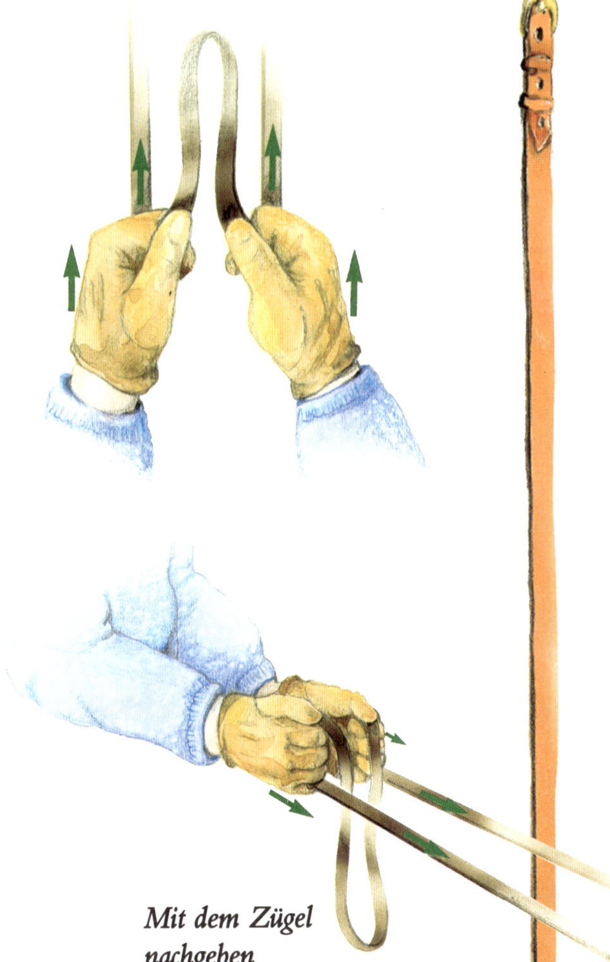

Mit dem Zügel nachgeben (Fäuste drehen nach außen)

Hilfen gibst du mit den Zügeln, indem du sie *annimmst* oder *nachgibst.* Zum Annehmen drehst du deine Fäuste leicht nach innen. Beim Nachgeben ist es genau umgekehrt.

Die Sprache zwischen dir und deinem Pferd, also das Zusammenspiel der Hilfen, braucht viel Übung und Gefühl. Aber von Mal zu Mal klappt es besser.

Meine erste Reitstunde an der Longe

Bei einem guten Reitunterricht finden deine ersten Reitversuche immer an der Longe statt.

Die Longe ist eine Leine von etwa 7 Metern Länge, die auf der einen Seite am Pferd befestigt ist und auf der anderen Seite vom Reitlehrer gehalten wird.
Longenstunden bedeuten auf jeden Fall, dass du Einzelunterricht hast und dass sich der Reitlehrer besonders intensiv um dich kümmern kann.

Der Lehrer steht in der Mitte des Zirkels. In der einen Hand hält er die Longe und in der anderen Hand eine Peitsche, während das Pferd im Kreis um ihn herumläuft.

Das Pferd wird mit Longe und Peitsche geführt. So kannst du dich ganz allein auf dein Gleichgewicht und einen guten Sitz konzentrieren.

Nur mit Hilfe deines Balancegefühls sollst du dich auf dem Pferd halten. Dies ist die Grundlage für dein späteres selbstständiges Reiten.

Pinnwand

Hier kannst du festhalten, wie dein Reitunterricht begonnen hat. Wenn du es später wieder liest, wirst du merken, welche Fortschritte du schon gemacht hast.

Voltigieren – Turnen auf dem Pferd

In manchen Reitschulen fängt man auch mit dieser besonderen Art des Reitens an, mit dem Voltigieren (sprich: woltischieren).

Voltigiergurt

Dabei trägt das Pferd keinen Sattel, sondern einen Voltigiergurt, der zwei Griffe zum Festhalten hat. Der Reitlehrer führt das Pferd an der Longe, in der anderen Hand hält er eine Peitsche, mit der er das Pferd antreibt. Du kannst dich ganz auf die Bewegungen des Pferdes und deine Übungen konzentrieren.

Das Pferd läuft im Kreis um den Reitlehrer herum. Es ist besonders geschult und muss sehr geduldig sein. Beim Voltigieren bekommst du ein gutes Balancegefühl und gleichzeitig lernst du das Verhalten von Pferden kennen. Wenn du voltigieren gelernt hast, wird dir das Reiten im Sattel viel leichter fallen.

Hier kannst du die wichtigsten Voltigierübungen kennen lernen:

Der Grundsitz
Man sitzt mit aufgerichtetem Oberkörper und erhobenem Kopf freihändig auf dem Pferd. Die Arme werden in Schulterhöhe ausgestreckt.

Die Fahne
Der Reiter kniet auf dem Pferd und streckt das rechte Bein und den linken Arm aus. Der Kopf ist aufgerichtet.

Die Fahne

Die Mühle
Das rechte Bein wird vorn über den Pferdehals auf die linke Seite gehoben (= Innensitz), danach wird das linke Bein nach hinten überschlagen. Jetzt sitzt du entgegen der Reitrichtung (= Rückwärtssitz). Hebst du jetzt nacheinander die Beine über die Kruppe, so bist du wieder im Grundsitz.

Die Mühle

Die Schere

Aus dem Grundsitz wird mit beiden Beinen Schwung geholt und der Oberkörper nach vorn geneigt. Die Beine kreuzen sich über dem Pferderücken und der Reiter dreht sich in den Rückwärtssitz. Jetzt müssen die Hände umgreifen. Dann wird die Schere noch einmal ausgeführt und der Reiter sitzt wieder im Grundsitz.

Die Schere

Die Flanke

Mit dieser Übung kannst du einen schönen Abgang vom Pferd machen.

Aus dem Grundsitz holst du mit beiden Beinen kräftig Schwung. Der Oberkörper legt sich weit vor, mit den Händen stößt du dich mit Kraft von den Griffen ab und du landest neben dem Pferd.

Es gibt noch viele Übungen, du kannst auch selbst einfach ausprobieren, was du alles auf dem Pferd machen kannst.

Vom Pferd geflankt

Wenn du die Grundlagen des Voltigierens beherrschst, kannst du als Reitabzeichen das kleine Hufeisen und das Voltigierzeichen erwerben.

Fotoalbum

Hier kannst du Fotos
von dir und deinen liebsten
Pferden einkleben.
Vielleicht hast du inzwischen
auch neue Freundinnen und
Freunde im Reitstall kennen
gelernt, die du fotografiert hast.

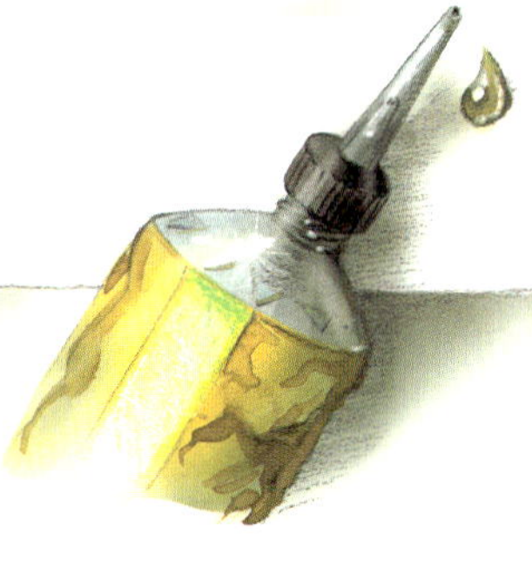

Die Reitbahn

Die Größe der Reitbahn in einer Reithalle beträgt meist 20 x 40 Meter oder 20 x 60 Meter. Rings um die Reitbahn führt die Bande, eine Holzverkleidung, die nach innen abgeschrägt ist. So schleift der Reiter nicht mit den Knien oder den Steigbügeln an der Wand entlang, wenn er dicht an der Bande reitet.

Orientierungshilfen: Buchstaben
In jeder Reitbahn sind an bestimmten Stellen an den Außenlinien der Bahn die gleichen Buchstaben angebracht. Diese Bahnpunkte helfen dir, die vorgeschriebenen Wege in der Bahn korrekt zu reiten.
Du kannst dir die Reihenfolge mit dieser Eselsbrücke merken:

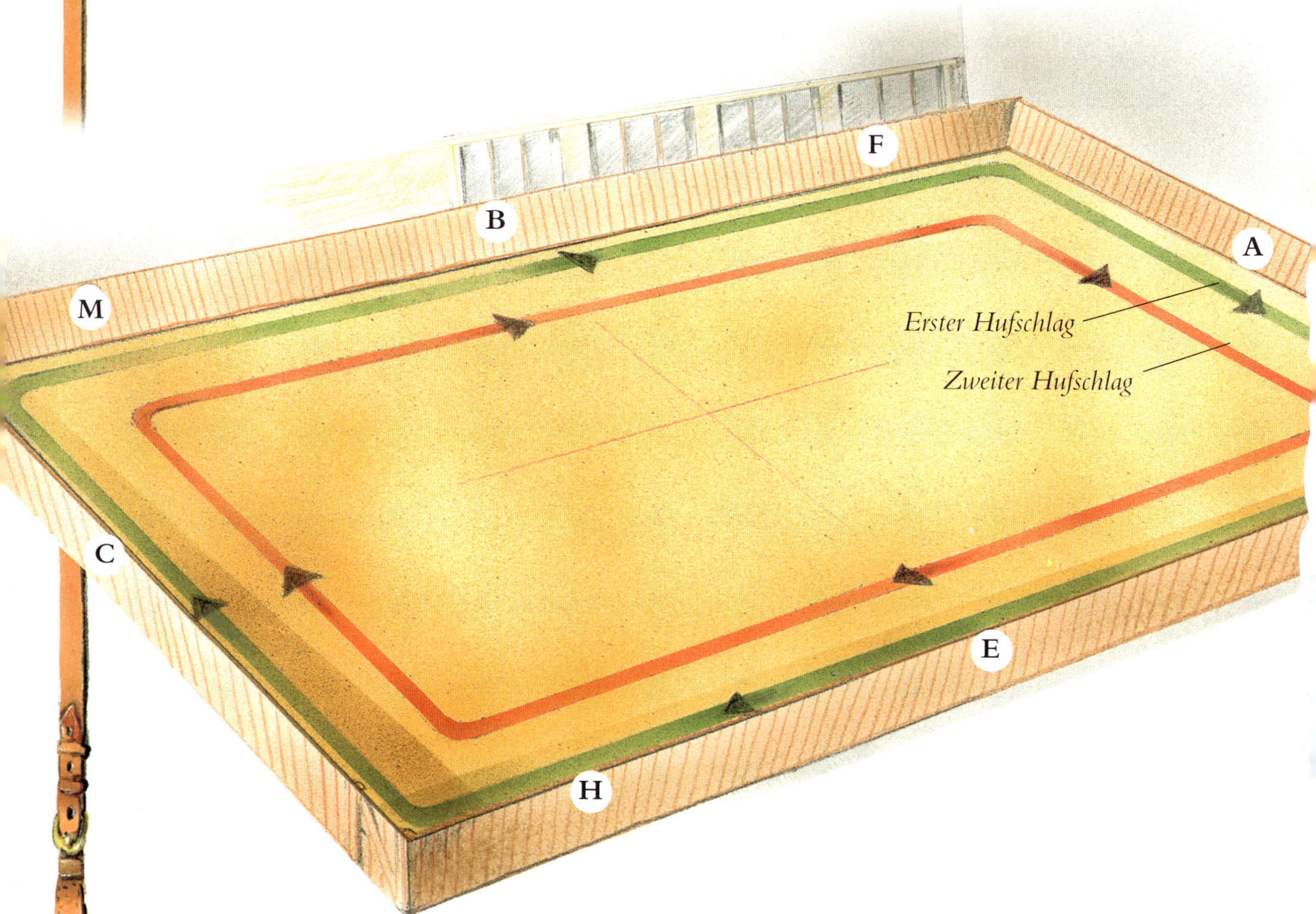

ALTE KÜHE ESSEN HEU, CÄLBER MÖGEN BESSERES FRESSEN.

(Bei „Cälber“ stimmt die Rechtschreibung nicht ganz, vielleicht fällt dir ja auch ein eigener Spruch ein.)
Der Weg, den du mit deinem Pferd reitest, führt entlang der Bande und nennt sich *äußerer* oder *erster Hufschlag*.
Ein bis zwei Meter weiter nach innen befindet sich der *innere* oder *zweite Hufschlag*.

Den Hufschlag kann man rechts- oder linksherum reiten. Ist deine rechte Seite dem Inneren der Reitbahn zugewandt, so befindest du dich, nach der Sprache der Reiter, *auf der rechten Hand*. Wenn du *auf der linken Hand* reitest, so zeigt deine linke Seite nach innen.

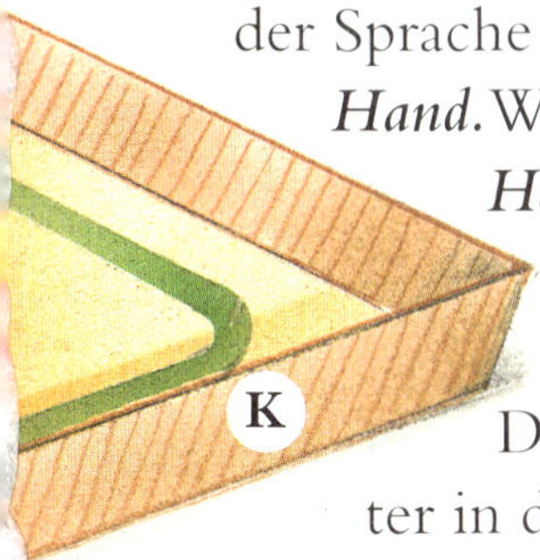

Da sich meist mehrere Reiter in der Bahn befinden, ist es sehr wichtig, dass jeder die folgenden Regeln beachtet.

* Betritt ein Reiter mit Pferd die Reithalle, so ruft er immer: „Tür frei, bitte!“ Die Reiter machen die Tür frei und melden: „Tür ist frei.“ Jetzt kann die Halle gefahrlos betreten werden. Der letzte schließt die Tür. Pferd und Reiter begeben sich in die Mitte der Halle zum Aufsitzen.

* Überholt wird immer auf der Innenseite der Bahn, also auf dem zweiten Hufschlag.

* Wird sowohl auf der rechten wie auf der linken Hand geritten (also rechts und links herum), so hat die linke Hand den „Vorritt“.

* Wird auf dem Zirkel geritten, das heißt, in einem Kreis in einer Hälfte der Reitbahn, so hat der Reiter auf dem ersten Hufschlag, der die ganze Bahn reitet, „Vorritt“.

* Willst du mit dem Pferd anhalten, so gehst du auf den dritten Hufschlag oder stellst dich gleich ganz in die Mitte der Bahn.

Da geht's lang – die Hufschlagfiguren

In der Reitbahn gibt es bestimmte Wege, die Pferd und Reiter einhalten müssen. Die Bahnfiguren, auch Hufschlagfiguren genannt, werden vom Reitlehrer mit bestimmten Kommandos angekündigt.
Nimmst du eine Reitstunde, an der mehrere Reitschüler teilnehmen, so reitest du *in der Abteilung* hintereinander.
Der erste Reiter führt diese Abteilung an und muss die Kommandos gut kennen, um seine Mitreiter zu führen. Wenn du auch einmal die Nummer Eins sein möchtest, dann musst du dich mit den Hufschlagfiguren gut auskennen.

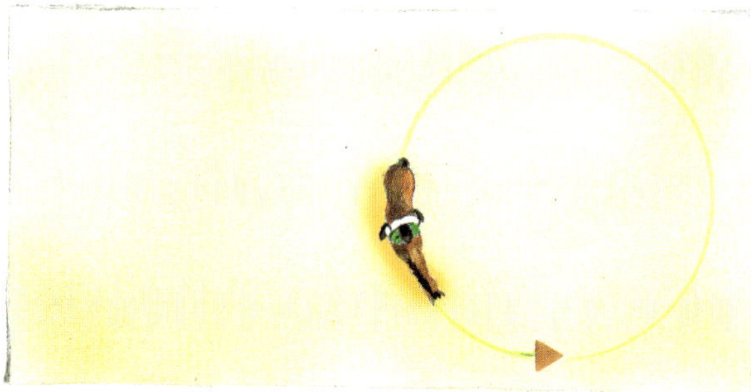

Auf dem Zirkel reiten

Eine halbe Bahn reiten

Eine ganze Bahn reiten

Regeln in der Reitbahn

- ⋆ **Halte immer eine Pferdelänge Abstand zu deinem Vordermann!**
- ⋆ **Reite immer die Ecken aus, denn sonst trottet dein Pferd nur hinter dem Vordermann her!**
- ⋆ **Reite immer bewusst dein Pferd, egal, an welcher Position der Abteilung du dich befindest.**

Aus den Zirkeln wechseln

Eine Schlangenlinie durch die ganze Bahn

Aus der nächsten Ecke kehrt

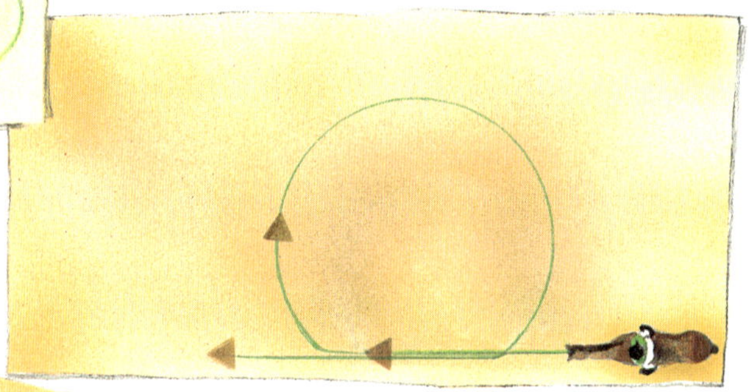

Volte Marsch

An der nächsten langen Seite eine einfache Schlangenlinie

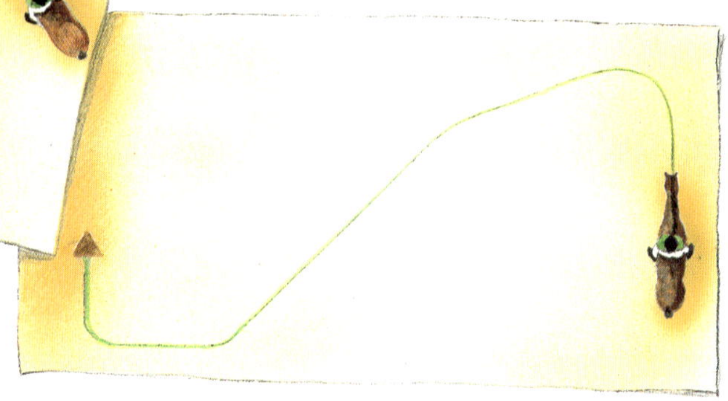

Durch die ganze Bahn wechseln

Zeichne hier folgende Hufschlagfiguren ein:

So kommst du in die Gänge

Der Schritt

Die langsamste Gangart des Pferdes ist der Schritt. Dabei ist die Fußfolge nacheinander: rechts vorn – links hinten – links vorn – rechts hinten.

Beim Schritt geht das Pferd im Viertakt. Das kannst du gut hören, wenn es auf hartem Boden geht. Willst du im Schritt losreiten, spannst du dein Kreuz an, drückst deine Schenkel fest zusammen und gibst etwas mit den Zügeln nach. Halte deinen Oberkörper möglichst ruhig, nur deine Hüfte geht mit der Bewegung des Pferdes gleichmäßig mit.

Checkliste: Meine Haltung

Sitze ich noch aufrecht im Sattel?
Sind die Knie eventuell hochgerutscht?
Habe ich noch Beinkontakt zum Pferd, ohne zu klammern?

Am Anfang musst du dich ständig an diese Punkte erinnern. Später, nach viel Übung, denkst du gar nicht mehr darüber nach, sondern machst alles von allein.

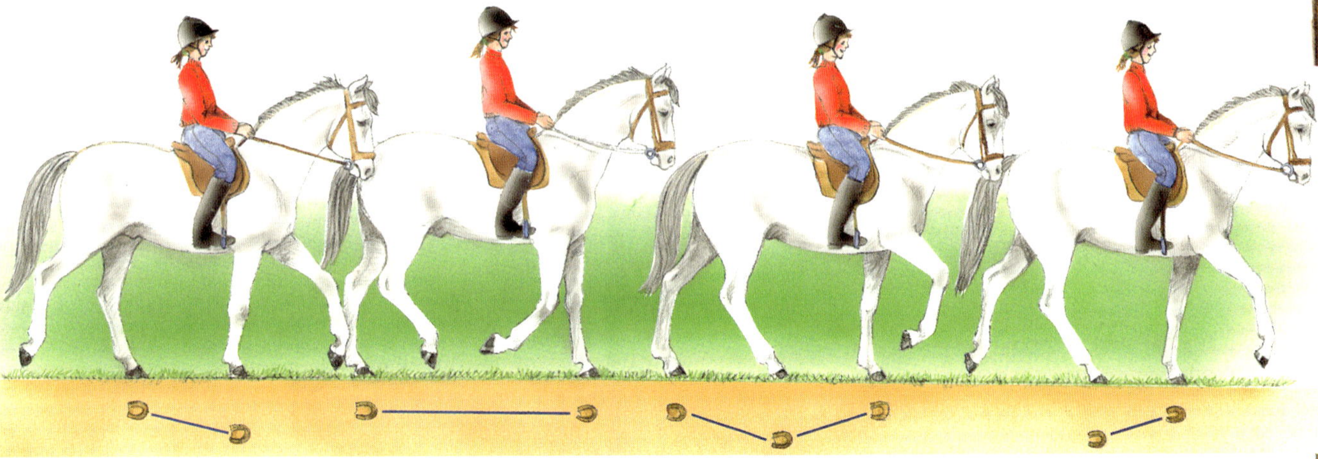

Die Parade und das Treiben

Mit einer halben Parade bringst du dein Pferd dazu langsamer zu gehen, mit einer ganzen Parade bringst du es zum Stehen.

Dazu musst du
- dich aufrichten und deinen Rücken strecken,
- gleichzeitig beide Unterschenkel leicht andrücken und
- die Zügel annehmen, also die Fäuste leicht eindrehen.

Wenn du das alles geschafft hast, hast du eine halbe Parade ausgeführt. Man sagt auch: das Pferd pariert durch, es wird langsamer.

Halbe Paraden brauchst du auch:
- wenn du die Gangart wechseln willst,
- wenn du in eine andere Richtung reiten willst,
- wenn das Pferd schneller werden soll.

Es macht das Pferd aufmerksam für dein nächstes Kommando.

Ist die Parade stärker, so sprechen die Reiter von einer ganzen Parade. Damit bringst du dein Pferd aus jeder Gangart zum Halten.

Treiben

Soll dein Pferd schneller werden, so musst du es treiben. Dazu
- richtest du dich wieder auf und streckst deinen Rücken,
- drückst du die Unterschenkel an den Pferdeleib und
- gibst mit den Zügeln nach.

Richtige Handhaltung bei der halben Parade

Richtige Handhaltung bei der ganzenParade

Der Trab

Der Trab ist eine Bewegung im Zweiertakt. Das Pferd benutzt dabei jeweils die dialogen Beinpaare, das heißt, gleichzeitig das rechte Hinterbein und das linke Vorderbein oder das linke Hinterbein und das rechte Vorderbein.
Dabei ergibt sich eine Schwebephase, in der sich das Pferd mit allen vier Beinen in der Luft befindet.

Der Trab ist die zweitschnellste Gangart. Die Hilfen sind die gleichen wie beim Anreiten: Kreuz stärker anspannen, halbe Parade geben und kräftig mit den Schenkeln vorwärts treiben. In dem Moment, in dem du merkst, dein Pferd will den ersten Trabsprung machen, gibst du die Zügel nach.

Anfangs wird dir das Traben etwas unbequem vorkommen und du hast das Gefühl, im Sattel ziemlich durchgeschüttelt zu werden.
Da gibt's nur eins: gehe mit den Hüften im Takt der Bewegung des Pferdes mit und bleibe fest im Sattel sitzen. Denke immer daran die Zügel ruhig zu halten. Eine Hilfe ist es, in den Vorderzwiesel des Sattels zu greifen und sich dort abzustützen.

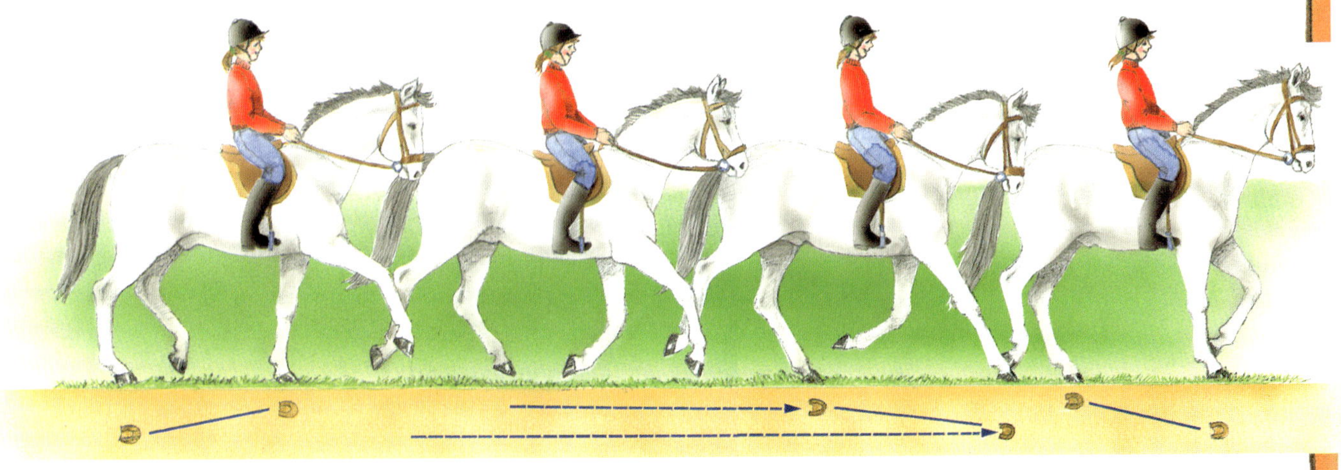

Schwebephase

Aussitzen und Leichttraben
Du hast zwei Möglichkeiten Trab zu reiten. Die eine ist, im Sattel sitzenzubleiben (das nennt man Aussitzen) oder du hebst dich bei jedem zweiten Trabschritt aus dem Sattel (das nennt man Leichttraben).

Beim Leichttraben kannst du den gleichmäßigen Takt ruhig laut mitzählen: eins – zwei – eins – zwei usw. Bei eins hebst du dich wenige Zentimeter aus dem Sattel, bei zwei setzt du dich wieder ganz sanft in den Sattel zurück. Bleibe schön aufrecht sitzen und halte dein Kreuz angespannt.

Leichttraben auf dem richtigen Fuß
Du musst immer dann aufstehen, wenn das Pferd den äußeren Vorderfuß nach vorn auf den Boden setzt. Gemeint ist damit der Fuß des Pferdes, der beim Reiten nach außen zur Bande (oder von der Longe weg) zeigt.
Gleichzeitig bewegt das Pferd seine äußere Schulter nach vorn. Diese Bewegung solltest du dir gut einprägen. Dann weißt du immer, wann du aufstehen und wann du dich hinsetzen musst.

Erfolgt ein Handwechsel, so gibt es auch einen Fußwechsel. Das heißt: Änderst du die Reitrichtung, bleibst du ein- oder dreimal (ungerade Zahl) sitzen, stehst dann wieder auf und reitest im gleichmäßigen Trabrhythmus weiter. Vergewissere dich nochmals mit Blick auf die äußere Schulter des Pferdes (sie muss nach vorn gehen, wenn du aufstehst), ob der Fußwechsel geklappt hat.

Leichttraben

Der Galopp

Der Galopp ist wesentlich angenehmer zu reiten als der Trab. Bei jedem Galoppsprung schiebst du deinen Po im Sattel nach vorn (so als wolltest du den Sattel mit dem Po auswischen) und gehst mit den Hüften mit.

Dies ist die schnellste Gangart des Pferdes, die sich aus einer Abfolge von Sprüngen zusammensetzt. Die Fußfolge ergibt einen Dreiertakt: links vorn und rechts hinten, dann links hinten und rechts vorn. Du kannst sowohl aus dem Schritt als auch aus dem Trab angaloppieren.

So sehen die Hilfen aus:

Du nimmst die Hüfte, die sich innen befindet, etwas vor. Der innere Unterschenkel liegt treibend dicht am Gurt, der äußere wird eine gute Handbreit hinter den Gurt genommen. Verkürze die Zügel ein wenig. Spanne dein Kreuz an und treibe kräftig mit dem inneren Schenkel vorwärts. Dann gib den inneren Zügel nach. Jetzt galoppiert dein Pferd.

Um es im Galopp zu halten, hältst du deinen äußeren Schenkel hinter dem Gurt und treibst weiter mit dem inneren Schenkel und dem angespannten Kreuz. Die Zügel halten die Verbindung zum Pferdemaul und geben doch der Bewegung des Pferdes nach.

Rechtsgalopp und Linksgalopp
Es gibt Rechts- und Linksgalopp, je nachdem, ob das rechte Vorder- und Hinterbein jeweils vor das linke greift oder umgekehrt. Orientiere dich an den Vorderbeinen, dann kannst du erkennen, um welchen Galopp es sich handelt.

Reitest du in der Bahn, so achte darauf, dass der äußere Fuß weiter nach vorne greift, denn dann bist du auf dem richtigen Fuß: Auf der rechten Hand Rechtsgalopp, auf der linken Hand Linksgalopp.

Außengalopp und Kreuzgalopp
Einen Rechtsgalopp auf der linken oder einen Linksgalopp auf der rechten Hand bezeichnen die Reiter als „Außengalopp“ und sehen darin außer bei einer schwierigen Dressurübung einen Fehler. Du merkst bestimmt sofort, wenn dein Pferd falsch angesprungen ist. Die Galoppbewegung fühlt sich für den Reiter abgehackt und unregelmäßig an. In diesem Fall musst du in den Trab durchparieren und neu angaloppieren.
Ein Pferd kann auch mit den Vorderbeinen im Linksgalopp und mit den Hinterbeinen im Rechtsgalopp gehen (oder umgekehrt). Dies fühlt sich für den Reiter unangenehm an. Auch in diesem Fall musst du sofort in den Trab durchparieren und erneut angaloppieren.

Rechtsgalopp

Der Aufbau einer Reitstunde

Wenn du einen Reitlehrer hast, wird er darauf achten, dass die Stunde sinnvoll aufgebaut ist. Aber je mehr du schon gelernt hast, desto besser klappt auch das Üben ohne Aufsicht.

Abwechslung ist wichtig
Mache nicht nur stur deine Übungen, sondern achte darauf, dass auch dein Pferd Spaß dabei hat.

Aufwärmen
Wie beim Menschen sollen zu Beginn der Reitstunde auch beim Pferd die Muskeln langsam erwärmt werden. Deshalb beginne (und beende) deine Reitstunde immer im freien Schritt mit langem, hingegebenem Zügel.

Am Ende der Stunde lasse dein Pferd wieder mit langem Zügel in freiem Schritt laufen. So kann es sich beruhigen und erholen. Es darf nicht nassgeschwitzt in den Stall zurückgebracht werden.

Sei geduldig!
Achte darauf, dass du deinem Pferd nicht zu viel zumutest. Klappt eine schwierige Übung nicht, kehre zu einer leichteren zurück. Habe Geduld mit dem Pferd und mit dir!
Manchmal passiert es, dass eine Übung, die gestern noch funktionierte, heute gar nicht klappt. Auch Pferde haben mal einen schlechten Tag.

Teste deinen Reitstall

Nimm deinen Reitstall kritisch unter die Lupe. Denn zum Reiten lernen gehören ein guter Reitlehrer, geeignete Pferde und auch eine gute Organisation und eine artgerechte Pferdehaltung.

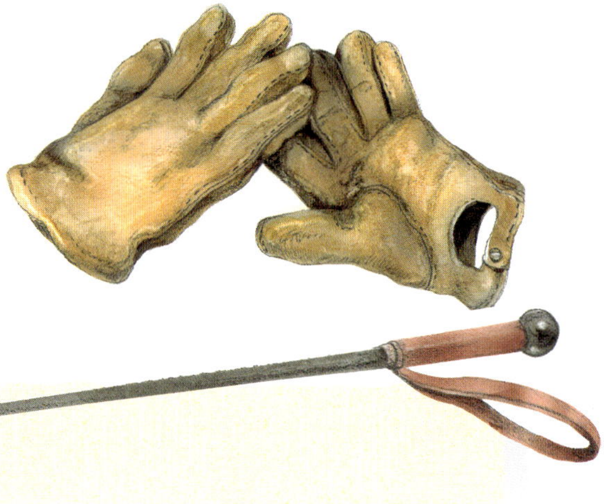

Checkliste

JA NEIN

1. Sind die Pferde in großen, luftigen Ställen untergebracht?
2. Sind die Boxen sauber und werden täglich ausgemistet?
3. Gibt es Weiden für die Pferde?
4. Sehen die Pferde gesund und gut genährt aus?
5. Wirken die Pferde auf dich wach, ausgeglichen und zufrieden?
6. Ist die Sattelkammer sauber und aufgeräumt?
7. Hat jedes Pferd seinen eigenen Sattel und seine eigene Trense?
8. Dürfen Reitschüler bei der Stallarbeit helfen?

	JA	NEIN
9. Sind nicht mehr als fünf Schüler in einer Reitgruppe?		
10. Bietet dieser Reitstall auch Voltigierunterricht an?		
11. Werden Anfänger in den ersten Reitstunden an die Longe genommen?		
12. Findest du den Reitlehrer, die anderen Schüler und die Menschen, die dort arbeiten, nett?		
13. Gibt es die Möglichkeit später Springunterricht zu nehmen und auch ins Gelände auszureiten?		

Je mehr Fragen du mit JA beantworten konntest, um so besser schneidet dein Reitstall ab. Wenn nur wenig zutrifft, überlege, ob du dich nach einem anderen Stall umsiehst.

Mein Trainingsprogramm

Wenn du zusätzlich zum Reitunterricht allein mit deinen Pferd trainieren willst, machst du dir am besten einen Trainingsplan für die nächsten Wochen. Ein Beispiel siehst du hier.

Montag	**Dienstag**	**Mittwoch**	**Donnerstag**	**Freitag**	**Samstag**	**Sonntag**
Pferd auf die Weide bringen	*Reitstunde*	*selbstständig Dressur reiten*	*Geländereiten*	*Reitbahn*	*Anfänger-springstunde*	*gemeinsamer Ausritt*
Sattelpflege	*Dressur*	*Übung: Tempi*	*Wasserstelle aufsuchen*	*Bodenricks im Schritt und Trab*		*Übung: Galoppieren in der Gruppe*
		Übung: Paraden	*Begleitung eines ruhigen Pferdes im Reitstall suchen*	*Leichter Sitz im Galopp*		*Tempo halten*

Montag	Dienstag	Mittwoch	Donnerstag	Freitag	Samstag	Sonntag
					Reiten	

Nach der Reitstunde

Loben nicht vergessen

Tätschele dein Pferd am Hals und sprich lobend zu ihm. Reiche ihm als besonderen Leckerbissen eine Möhre oder einen Apfel auf der ausgestreckten flachen Hand.

Übergabe an den nächsten Reiter

Manchmal kannst du dein Pferd direkt einem Kind der nächsten Reitgruppe übergeben. In diesem Fall stellst du dich mit deinem Pferd in der Mitte der Bahn auf und steigst ab. Eine nette Geste deinem Reitnachfolger gegenüber ist es, wenn du das Pferd an den Zügeln festhältst, während er aufsteigt. Dann verlässt du aber die Reitbahn umgehend.

Abfolge beim Abtrensen

Nur trocken in den Stall

Manchmal musst du dein Pferd auch in den Stall zurückbringen, nachdem du es trocken geritten hast. Anschließend ist das Abtrensen und Absatteln deine Aufgabe.

Abtrensen

Öffne Nasen- und Kehlriemen. Hebe das Genickstück über die Ohren. Das Pferd lässt meist von selbst das Gebiss aus dem Maul fallen. Jetzt kannst du ihm den Halfter anlegen. Dann nimmst du die Zügel herunter und bindest es an einer dafür vorgesehenen Stelle fest.
Bevor du die Trense an seinen Platz zurückhängst, reinigst du das Gebiss mit frischem Wasser.

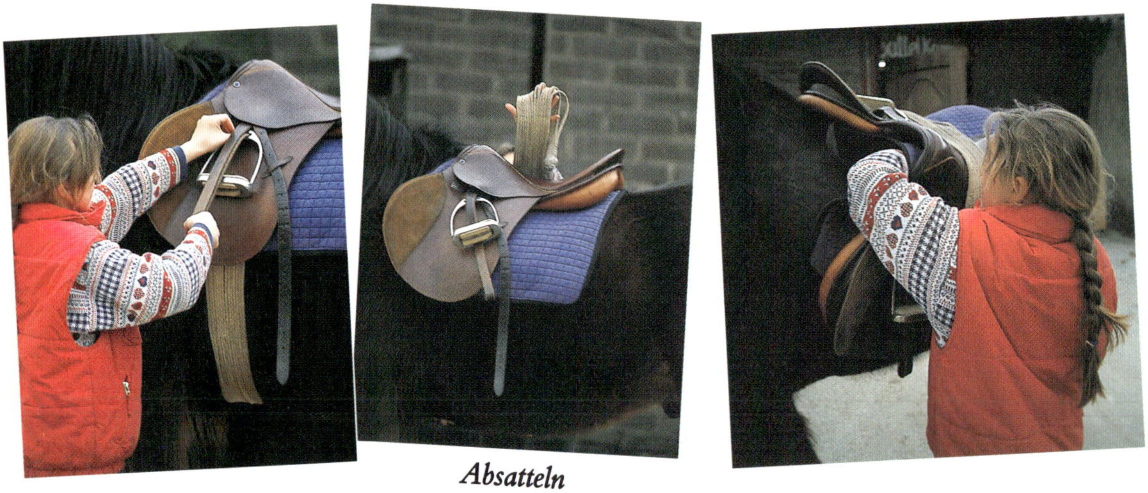

Absatteln

Absatteln

Zuerst werden die Steigbügel am inneren Steigbügelriemen hochgezogen. Dann öffnest du den Gurt an der linken Seite und legst ihn vorsichtig über den Sattel. Jetzt kannst du ihn herunterziehen und auf deinen linken Arm legen.
Bringe den Sattel an seinen Platz in der Sattelkammer.

Nun müssen noch die Hufe gesäubert und das Pferd trockengerieben werden, wenn es noch leicht verschwitzt ist.
Mit einem dicken Lob und einer Belohnung in Form eines Apfels oder einer Möhre kannst du dich nun von deinem Pferd verabschieden.

Mein Pferdetagebuch

Es lohnt sich in ein besonderes Pferdetagebuch einzutragen, was du beim Reitenlernen erlebt hast, welche Schwierigkeiten aufgetreten sind, was schon gut klappt oder wie sich dein Pferd verhalten hat.

So kannst du deine Fortschritte kontrollieren und bekommst zusätzlich ein wichtiges Erinnerungsstück.
Bis du ein schönes Heft besorgt hast, kannst du hier gleich mit dem Eintragen beginnen.

Das Springen

Alle Pferde können springen lernen. Es entspricht ihrer natürlichen Veranlagung.
Bevor du dich an das Springen heranwagen kannst, musst du einen sicheren Sitz im Galopp beherrschen und die wichtigsten Hufschlagfiguren reiten können.
Zum Springen schnallst du die Steigbügel zwei bis drei Löcher kürzer, damit der Fuß eine feste Stütze im Bügel findet.

Springsitz oder leichter Sitz
Der hauptsächliche Unterschied zum Dressursitz besteht darin, dass du mit dem Po aus dem Sattel und mit dem Oberkörper nach vorn gehst. Du musst immer der Bewegung des Pferdes folgen.

Schau dir das Bild mit dem richtigen Sprungsitz ganz genau an. Da kannst du sehen, dass der Po immer in leichter Berührung mit dem Sattel bleibt und nicht ganz herausgehoben wird.

Oberschenkel und Knie müssen fest am Sattel anliegen. Die Hände stehen rechts und links unterhalb des Mähnenkamms am Pferdehals und müssen immer so weit mit vorgehen, dass das Pferd den Hals lang machen kann.

Der Rücken bleibt gestreckt, also keinen Katzenbuckel machen. Halte den Kopf erhoben und schaue vorne zwischen den Pferdeohren durch.

Beginne im Galopp

Übe den Springsitz zuerst im Galopp. Hast du Probleme mit der Balance, greife in die Mähne. Wenn du wieder stabil sitzt, lasse die Mähne wieder los.

Stangentreten

Sobald du dich sicher fühlst, lege dir einfache Stangen quer zum Hufschlag auf den Boden. Der Abstand richtet sich nach der Schrittlänge des Pferdes. Für ein Großpferd gilt: im Schritt 0,80 m, im Trab 1,30 m und im Galopp 3,5 m Abstand.
Für Ponys müssen die Abstände entsprechend verkürzt werden.
Dieses Stangentreten ist noch kein Springen. Das Pferd soll lediglich locker über die Stangen treten. Es ist eine gute Vorbereitungsübung für das Springen für dich und dein Pferd.
Du nimmst dabei den leichten Sitz ein und gehst rechtzeitig mit den Händen vor, so dass dein Pferd sich vorwärts, abwärts strecken kann.
Verrutschte Stangen musst du erst wieder auf den richtigen Abstand korrigieren, bevor du erneut darüber reitest.

Cavaletti oder Bodenrickarbeit

Dies sind Stangen, die auf kleinen gekreuzten Böcken aufliegen und meist ca. 20 bis 40 cm hoch sind.
Du kannst Cavalettis im Schritt, Trab oder Galopp reiten. Die Abstände werden dann jeweils angepasst.

Checkliste:

- Gehe ich in den Bewegungen des Pferdes mit?
- Hat mein Pferd genügend Kopffreiheit?
- Gehen meine Hände mit in Richtung Pferdemaul?
- Habe ich immer eine Verbindung über die Zügel zum Pferdemaul?

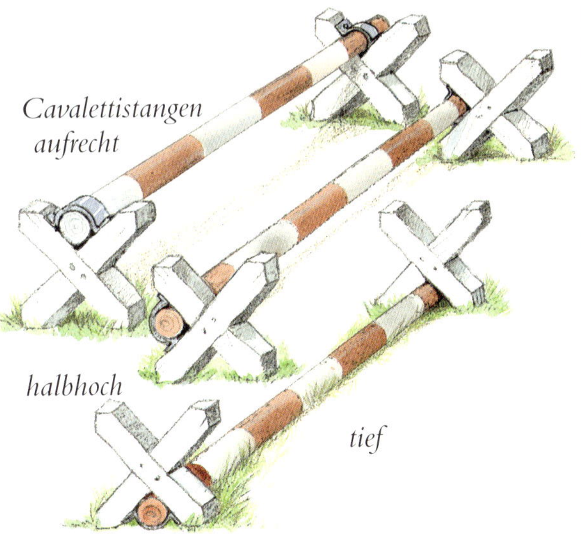

Jetzt geht es hoch hinaus

Der erste Sprung sollte immer aus dem Trab erfolgen. Lege dir dazu ein paar Trabstangen vor das Hindernis.
Als erstes kleines Hindernis genügt ein aufgestelltes Cavaletti (20 cm hoch) mit einer Stange am Boden davor. Dies erleichtert dem Pferd den Absprung.

Du musst damit rechnen, dass dein Pferd einen kleinen Sprung macht. Nimm darum deinen Oberkörper mit nach vorne, gehe mit deinen Händen mit in Richtung Pferdemaul und achte darauf, dass deine Unterschenkel nicht nach hinten rutschen.

Verschiedene Hindernisse

Die meisten Hindernisse kannst du einer dieser Sprunggruppen zuordnen:

1. *Steil- oder Hochsprünge*
Dazu gehören senkrecht aufgebaute Stangen, Hecken, Mauern usw.

2. *Weitsprünge*
Dazu zählen zum Beispiel trockene oder wassergefüllte Gräben.

senkrecht aufgebaute Stangen

Mauer

3. Hochweitsprünge
Hier kannst du die Hindernisse Oxer und Tripplebarre einordnen.

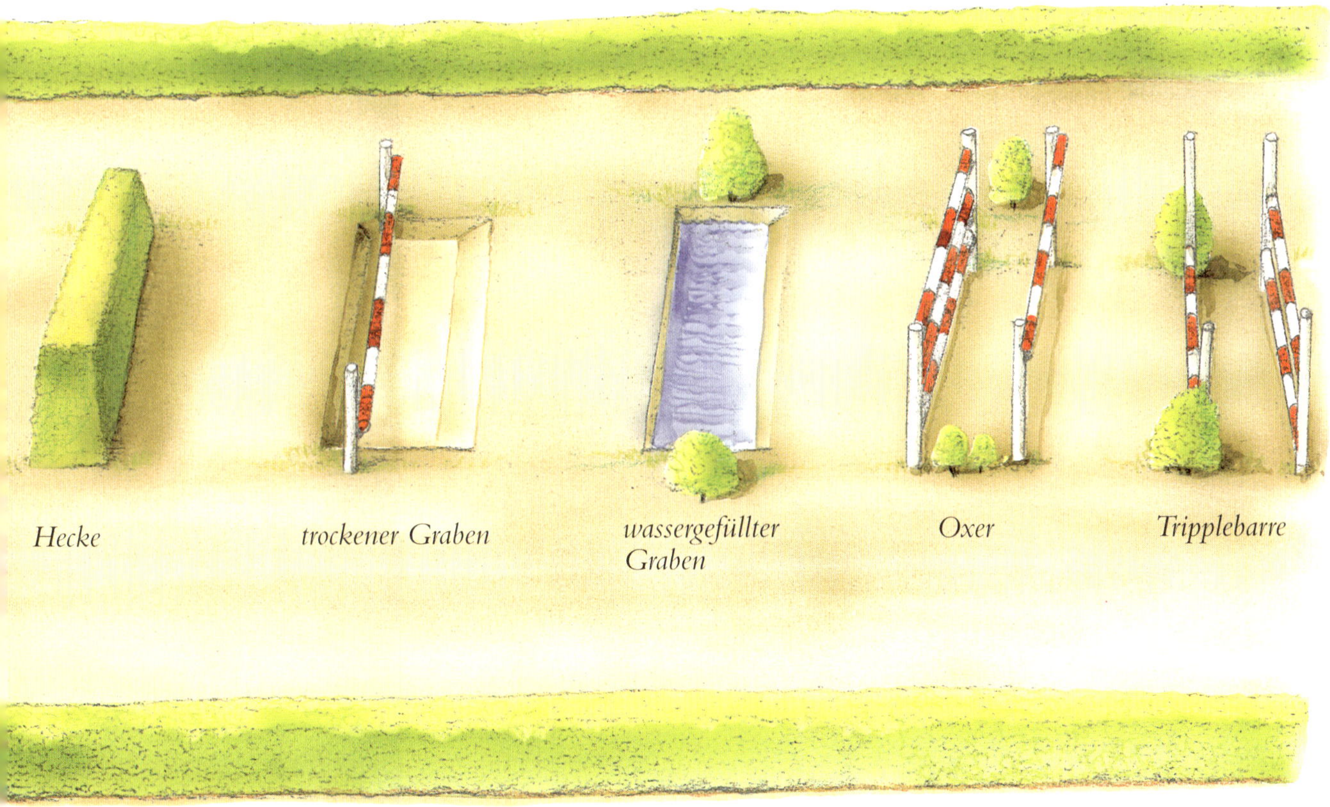

Mein Hindernisparcours

Du kannst mit Brettern, Tonnen, alten Autoreifen, leeren Fässern, Plastikkanistern, Baumstämmen oder Strohballen auch eigene Hindernisse bauen.

Du musst darauf achten,
– dass das Material keine scharfen Kanten oder rostigen Eisenteile, z.B. Nägel, hat,
– dass deine Hindernisse mindestens 3 bis 4 Meter breit sind,
– dass ein Hindernis niemals vorne höher als hinten gebaut ist.

Je kompakter ein Hindernis ist, desto einladender wirkt es auf ein Pferd. Also fülle deine Hindernisse immer gut auf. Baust du mit Strohballen ein Hindernis auf, so müssen diese gut befestigt werden, damit sie deinem Pferd nicht zwischen die Beine geraten können.

Hier kannst du eigene Hindernisse „aufbauen“.

Raus in die freie Natur

Du kannst jetzt leichttraben, aussitzen und galoppieren? Du sitzt jetzt so sicher im Sattel, dass du auch unerwartete Situationen beherrschen kannst? Dann kannst du das Okay deines Reitlehrers für den ersten Ausritt ins Gelände erwarten.

Es gibt einfach nichts Schöneres als mit Freunden durch die Landschaft zu reiten; das findet auch dein Pferd. Sei darum nicht überrascht, wenn es plötzlich einen Freudenbuckler macht oder beim Galoppieren unbedingt vorneweg reiten will.

Gefahren erkennen

Bei einem Ausritt musst du immer für dich und dein Pferd ein wenig im Voraus denken: Könnte aus der Einfahrt ein Auto kommen? Wird die Tüte dort hinten gleich hochfliegen und mein Pferd erschrecken? Erkennst du diese Gefahren rechtzeitig, bist du darauf vorbereitet und kannst ganz gelassen reagieren.
Vom Moment des Aufsitzens bis zum Absitzen ist deine ganze Aufmerksamkeit gefordert.

Vorbereitung

Die Steigbügelriemen werden für den Geländeritt ein bis zwei Löcher kürzer eingestellt und der Sattelgurt wird noch einmal nachgezogen.
Beim Geländereiten braucht dein Pferd mehr Kopffreiheit als in der Reitbahn. Gib ihm die Möglichkeit den Hals zu strecken, so dass es sich ausbalancieren und sehen kann, welche Hindernisse im Weg stehen.
Geht es bergauf oder bergab, entlaste seinen Rücken.

Rasten unterwegs

Ein schönes Fleckchen lädt vielleicht zum Picknick ein. Bevor es sich die Reiter gemütlich machen, werden die Pferde gut angebunden und der Sattelgurt gelockert.
Die Pferde freuen sich über eine Stelle, an der sie trinken dürfen.

Vorsicht Giftpflanzen!

Es ist das Beste, wenn du das Pferd nicht am Wegrand grasen lässt. Viele Pflanzen sind für Pferdemägen giftig. Darum gilt: Gegrast wird auf der Weide!

Giftiger Fingerhut

Heimritt
Mindestens die letzte Viertelstunde vor der Heimkehr in den Stall wird im Schritt geritten, damit das Pferd nicht schweißnass in den Stall kommt.
Dort wird es abgesattelt und abgetrenst. Die Hufe werden gesäubert. Ist das Pferd doch etwas verschwitzt, reibst du es mit Strohbüscheln trocken. An kälteren Tagen lege ihm eine wärmende Decke auf.
Jetzt ist es allerhöchste Zeit, das Pferd mit einem Leckerbissen zu verwöhnen und es kräftig zu loben.

Regeln für das Reiten im Gelände

Dies sind die wichtigsten Regeln, die du unbedingt befolgen musst:
1. Auf steilen und steinigen Wegen oder in unwegsamem Gelände wird immer Schritt geritten.
2. Der unsicherste Reiter gibt das Tempo an.
3. Bemerkst du, dass dein Pferd erschöpft ist und keucht, musst du das Tempo drosseln.
4. An Fußgängern reitet man im Schritt vorbei.
5. Höchstens zwei Reiter reiten nebeneinander.

Bei Ausritten muss man auch mal die Straße benutzen. Dann gilt:
1. Es wird immer auf der rechten Straßenseite in Reitrichtung geritten.
2. Auf der Straße wird ausschließlich Schritt und hintereinander geritten.
3. Es gelten die gleichen Regeln wie für Radfahrer: Ampeln und Verkehrszeichen beachten, zum Abbiegen mit den Armen Zeichen geben.
4. In der Dunkelheit ist Beleuchtung notwendig: nach vorne helles Licht, nach hinten rotes Licht.
Dafür gibt es Stiefelleuchten und Leuchtgamaschen. Sinnvoll ist eine reflektierende Sicherheitsweste.

Tipps und Tricks beim Reiten

Was tun, wenn …

… dein Pferd buckelt?

Zügel kürzer nehmen, damit es den Kopf nicht mehr senken kann.
Das Pferd kann nur buckeln, wenn es den Rücken rund machen und den Kopf nach unten zwischen die Beine nehmen kann.

… dein Pferd wasserscheu ist?

Geduld!! Allmählich an das Wasser gewöhnen. Einem nicht wasserscheuen Pferd folgen!

… dein Pferd viel scheut?

Ruhe und Geduld zeigen. Die Zügel nicht zu kurz nehmen, beruhigend mit dem Pferd sprechen, mit ruhigen Pferden zusammen bringen.

… dein Pferd steigt?

Energisch vorwärts reiten. Das Pferd kann nur aus dem Stand steigen.

…. dein Pferd ist?

Futter-, Trainings- und Gesundheitszustand überprüfen. Abhilfe schaffen. Das Pferd mit anderen Pferden zusammen im Gelände laufen lassen.

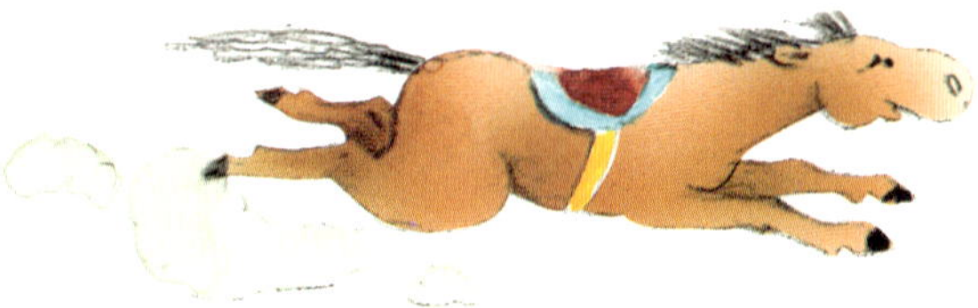

... dein Pferd durchgeht?

Bevor es durchgeht: Ruhig auf das Pferd einreden! Das Pferd darf nie das Tempo bestimmen. Galopp auf dem Heimweg vermeiden, da das Pferd zum Stall will und leicht durchgeht. Ist es schon durchgegangen, Knie fest an den Sattel legen, halbe Paraden geben! Auf den Zirkel gehen, immer weiter verkleinern, bis das Pferd zum Stehen kommt.

... dein Pferd ein Hufeisen verliert?

Im Gelände absteigen und das Pferd zum Stall führen, Hufschmied verständigen.

... du beim Ritt von einem Gewitter überrascht wirst?

Sofort absitzen, das Pferd beruhigen, am Zügel führen. Freistehende erhöhte Punkte wie Bäume, Scheunen o.Ä. meiden! Von Metall fernhalten.

... dein Pferd während des Wanderritts unterwegs aus einer Quelle, einem Bach oder See getränkt werden soll?

Trinken lassen. Pferd darf nicht hastig trinken.

Nach dem Ritt:

Aufnahme zu großer Wassermengen vermeiden, eventuell Trense anlassen während des Saufens, etwas Heu auf die Wasseroberfläche streuen.

Reitabzeichen und Turniere

Das erste Reitabzeichen ist das kleine Hufeisen. In guten Reitställen wird es einmal im Jahr abgenommen. Du kannst dieses Abzeichen mit dem Schwerpunkt „Voltigieren“ oder „Dressurreiten“ ablegen.

In der Prüfung kannst du beweisen, wie gut du mit Pferden umgehen kannst. Dazu gehört neben Pferdepflege auch das Auf- und Absitzen. Du musst einfache Hufschlagfiguren vorreiten und zeigen, dass du die Regeln in der Reitbahn kennst. Schließlich werden dir noch Fragen rund ums Pferd gestellt. Hast du die Prüfung bestanden, bekommst du eine Urkunde und ein grünes Stoffabzeichen, das du auf deine Reitkleidung nähen kannst.

Das große Hufeisen

Hier musst du zusätzlich noch beweisen, dass du bereits die Grundlagen des Springens beherrschst. Außerdem wird auch dein Können im Dressurreiten geprüft. Wenn du bestehst, darfst du ein weinrotes Stoffabzeichen tragen und erhältst die Urkunde für das große Hufeisen.

Der Reiterpass

Wenn deine große Leidenschaft das Geländereiten ist, dann kannst du auch dein Wissen und Können dazu prüfen lassen. Du musst spezielle Fragen zum Verhalten des Reiters im Gelände beantworten. Mit dem Prüfer reiten die Prüflinge aus, um zu zeigen, dass sie ihr Pferd im Gelände sicher beherrschen. Als sichtbares Erfolgszeichen bekommst du die Reiterpassnadel und den Reiterpass.

Turniere – ein besonderes Erlebnis

Reizt es dich an einem Turnier teilzunehmen? Egal, welchen Leistungsstand du erreicht hast, die spannende Atmosphäre eines Turniers ist ein großartiges Erlebnis. Es gilt: Dabei sein ist alles.

Gerade für Kinder gibt es viele Möglichkeiten, sich ohne großen Aufwand anzumelden. Viele Kinder sind mit großer Freude bei Reiterspielen dabei. Dort gibt es verschiedene Geschicklichkeitsübungen und Wettrennen für Pferd und Reiter.

Sprich mit deinem Reitlehrer darüber, wann und wo Wettbewerbe in der Nähe deines Stalls stattfinden. In Reitzeitschriften werden Turniere und Wettkämpfe häufig angekündigt.

Kreuze an, welche Wettbewerbe dich interessieren würden:

Wettbewerbe des klassischen Reitens:

- ○ Dressurreiterwettbewerbe
- ○ Springreiterwettbewerbe
- ○ Geländereiterwettbewerbe
- ○ Mannschaftsspiele (z.B. Pferdefußball)
- ○ Formationsreiten
- ○ Reiterspiele

In diese Tabelle kannst du eintragen, an welchen Wettbewerben du teilnehmen möchtest und was du dafür trainieren musst.

Und nun: viel Spaß und viel Erfolg!

Wettkampfart	Ort, Datum	Meine Vorbereitung

Kleines Quiz vom Reiten

Was weißt du vom Reiten? Es ist immer nur eine Antwort richtig. Kreuze an.

1. Was ist eine Volte?
a) Bei der Volte wird das Pferd gewendet.
b) Bei der Volte wird das Pferd auf dem Zirkel geritten.
c) Bei der Volte wird ein Kreis von 6 Schritt Durchmesser geritten.

2. Wie gehören die Füße in die Steigbügel?
a) Die Füße sollen möglichst waagerecht in den Steigbügeln gehalten werden.
b) Die Ferse soll heruntergedrückt werden.
c) Die Ferse soll angehoben werden.

3. Welche Aufgaben haben die Zügel?
a) Sie halten die Verbindung zum Pferdemaul.
b) Sie stabilisieren den Reiter.
c) Sie werden nur zum Führen des Pferdes benötigt.

4. Zum Springen werden die Steigbügel
a) zwei Loch länger gemacht
b) zwei Loch kürzer geschnallt
c) nicht verändert

5. Was ist eine Longe?
a) Eine Longe ist ein verlängertes Halfter.
b) Eine Longe ist ein Hindernis zum Springreiten.
c) Eine Longe ist eine sehr lange Leine, an der ein Pferd geführt werden kann.

6. Wer hat Vorfahrt in der Reitbahn?
a) Der Reiter, der rechts herum reitet
b) Der Reiter, der links herum reitet
c) Der Reiter, der den Reiterpass besitzt.

7. Reiten in der Reitbahn mehrere Reiter, so wird auf dem
a) ersten Hufschlag
b) zweiten Hufschlag
c) dritten Hufschlag
angehalten.

8. Beim kleinen Hufeisen wird Folgendes geprüft:
a) das reiterliche Können
b) das theoretische Wissen
c) Reiten, Umgang mit dem Pferd, Theorie

9. Welche Gangarten muss man sicher beherrschen, um mit dem Pferd ins Gelände gehen zu können?
a) Schritt und Trab
b) Schritt und Galopp
c) Schritt, Trab und Galopp

10. Um sich auf dem Pferd zu halten, braucht man
a) ein gutes Balancegefühl
b) starke Zügel
c) sichere Steigbügel

11. Wie nennt man die Sprache zwischen Mensch und Pferd, mit der sich Pferd und Reiter verständigen?
a) Peitsche
b) Hilfen
c) Belohnung

12. Bei welcher Hufschlagfigur reitet man eine Acht?
a) Aus dem Zirkel wechseln
b) Volte
c) Durch die Länge der Bahn wechseln

13. Von welcher Seite steigt man auf das Pferd auf?
a) von rechts
b) von links
c) ist egal

14. Schenkelhilfe bedeutet:
a) Mit den Fußspitzen gegen den Bauch des Pferdes klopfen
b) Mit den Hacken in die Seiten treten
c) Schenkel am Pferd zusammendrücken

Lösungen:
1c, 2b, 3a, 4b, 5c, 6a, 7c, 8c, 9c, 10a, 11b, 12a, 13b, 14c

Lösungen für die Haltungsfehler, die der Reiter auf Seite 23 macht:
1. Knie stehen zu weit vom Pferd ab.
2. Fersen sind zu weit oben, Fuß steht nicht weit genug im Steigbügel.
3. Reiter sitzt nicht im tiefsten Punkt des Sattels.
4. Oberkörper ist zu weit nach vorn geneigt.
5. Arme sind zu weit nach vorn gestreckt.